兵圣孙武子

苏州市孙武子研究会
苏州吴中孙武书院 编
顾曾平 绘

古吴轩出版社
中国·苏州

图书在版编目（CIP）数据

兵圣孙武子 / 苏州市孙武子研究会，苏州吴中孙武书院编；顾曾平绘. — 苏州 ：古吴轩出版社，2018.3（2018.5重印）
ISBN 978-7-5546-1131-9

Ⅰ. ①兵… Ⅱ. ①苏… ②苏… ③顾… Ⅲ. ①孙武—传记 Ⅳ. ①K825.2

中国版本图书馆CIP数据核字（2018）第049288号

书　　名：兵圣孙武子
编　　者：苏州市孙武子研究会
　　　　　苏州吴中孙武书院
绘　　者：顾曾平
出版发行：古吴轩出版社
　　　　　地址：苏州市十梓街458号　　邮编：215006
　　　　　Http：//www.guwuxuancbs.com　　E-mail：gwxcbs@126.com
　　　　　电话：0512-65233679　　传真：0512-65220750
出 版 人：钱经纬
印　　刷：苏州日报印刷中心
开　　本：787×1092　1/24
印　　张：5.5
版　　次：2018年3月第1版
印　　次：2018年5月第2次印刷
书　　号：ISBN 978-7-5546-1131-9
定　　价：30.00元

如有印装质量问题，请与印刷厂联系。0512—65640827

封面题签：费之雄
书法篆刻：薛春泉
文字执笔：谈世茂
责任编辑：陆月星
见习编辑：戴玉婷
装帧设计：唐　朝
责任照排：戴玉婷
责任校对：孙佳颖
扫　　描：殷文秋

致读者朋友：

你想了解中华优秀传统文化吗？那你一定要读读孙武的《孙子兵法》。

孙武，我国古代杰出的军事家和军事理论家，所著的《孙子兵法》是我国也是世界上现存成书最早、体系最完整、思想最深刻、影响最深远的一部兵书，古今中外，备受推崇。孙武其人被公认为“兵圣”“武圣”，其书《孙子兵法》被誉为“百世谈兵之祖”“兵学圣典”。2006年5月，习近平同志在第七届孙子兵法国际研讨会上指出：“《孙子兵法》不仅是人类兵学的圣典，而且在经济、政治、文化、外交领域也具有积极的借鉴意义。”2014年年底，习近平同志在视察江苏的重要讲话中，谈及江苏历史文化底蕴深厚时，列举的经典名著，提到的第一部作品就是孙武的《孙子兵法》。

苏州，时为吴国都城，孙武的第二故乡，《孙子兵法》的诞生地，孙武功成名就之地和归隐终老之地，孙武文化的根基所在。我们根据苏州独特而丰厚的孙武文化资源，与吴中孙武书院合作策划编写了本书，讲述孙武其人和《孙子兵法》如何诞生与践行的故事，为大家走近孙武、走近《孙子兵法》、了解孙武思想、汲取智慧营养提供一些帮助，希望大家喜欢。

苏州市孙武子研究会会长　金海龙

目　录

内容提要

孙武，字长卿，后人尊称为孙子，世界公认的“兵圣”“武圣”。春秋末期齐国乐安（今山东）人，因齐国内乱，避乱奔吴，辟隐深居于吴都郊外穹窿山一带，为吴王阖闾作兵法一十三篇。经吴国大臣伍子胥举荐，以兵法见于吴王阖闾，吴王令教战宫女，孙武依法治军，决斩了吴王俩爱妃，吴王拜其为将。孙武为将后，与伍子胥一道辅佐阖闾经国治军，西破强楚，威震诸侯。阖闾战死后，孙武又与伍子胥辅佐吴王夫差，南服越人，北威齐晋。其间，夫差穷兵黩武，不听忠谏，甚至将伍子胥赐死。孙武见吴国无救，退隐山林，修缮兵法，终老吴地。孙武的《孙子兵法》，博大精深，千古流传，享誉世界。本连环画生动描绘了孙武一生的故事。

苏州市孙武子研究会 用笺
谈世義詩

壹 ◇ 将门世家孙武子

血雨腥风何时休，四族谋乱添新愁。
将门世家孙武子，避乱奔吴谱春秋。

1. 距今2500多年前的春秋时期，礼崩乐坏，大国争雄，烽火连天。一个英俊青年，在书童陪伴下，向烟波浩渺的太湖走来。这青年，姓孙名武，齐国乐安人。祖父田书，因伐莒有功，齐景公赐姓孙氏。父亲孙凭，官至卿。

2. 孙武大约出生在公元前540年，父亲孙凭想起楚庄王“止戈为武”的故事，便为儿子起名为“武”，字长卿，希望他长大成为“大武不武，大斗不斗”，平定天下的雄才。

3. 孙武小时候聪明伶俐，勤学好问，老师教的礼、乐、射、御、书、数等“六艺”一学就会，大人们谈论治国治军之道，他也能句句入耳。

4. 传说，孙武的外祖父是齐国南史馆主官，小孙武常去外祖父那儿，《军政》《军志》《司马法》等兵书他特别感兴趣。黄帝、伊挚、姜子牙等智勇双全的人物，渐渐成为小孙武心中的偶像。

5. 一次，一位大文豪到南史馆参访，问了很多问题，有的问题连陪同的齐相晏婴和孙武外祖父都回答不上，但在一旁的小孙武却可立马随口代答。那位大文豪听了惊呼："奇才啊，奇才！"

6. 齐国齐桓公时，管仲为相，国富兵强，曾九合诸侯，一匡天下。齐景公执政后期，昏庸腐败，田、鲍、栾、高四族互相争斗不休，对外战争，屡屡败绩，国内民众，苦不堪言。

7. 公元前528年，晋、燕两国同时入侵齐国，齐景公不知如何应战。齐相晏婴举荐田穰苴为将。田穰苴与孙武同祖同族，治军严明，善于兵法，屡立战功。齐景公尊他为“大司马”，后又听信谗言，罢黜了田穰苴大司马的军职。田穰苴气得发病而亡。

8. 孙武感到在齐国发展无望。环顾天下，他发现天下有识之士皆各奔前程。吴国是周太王儿子泰伯、仲雍南奔立国之地，寿梦为吴王后，开始崛起，于是孙武毅然投奔吴国都城（今江苏苏州）。

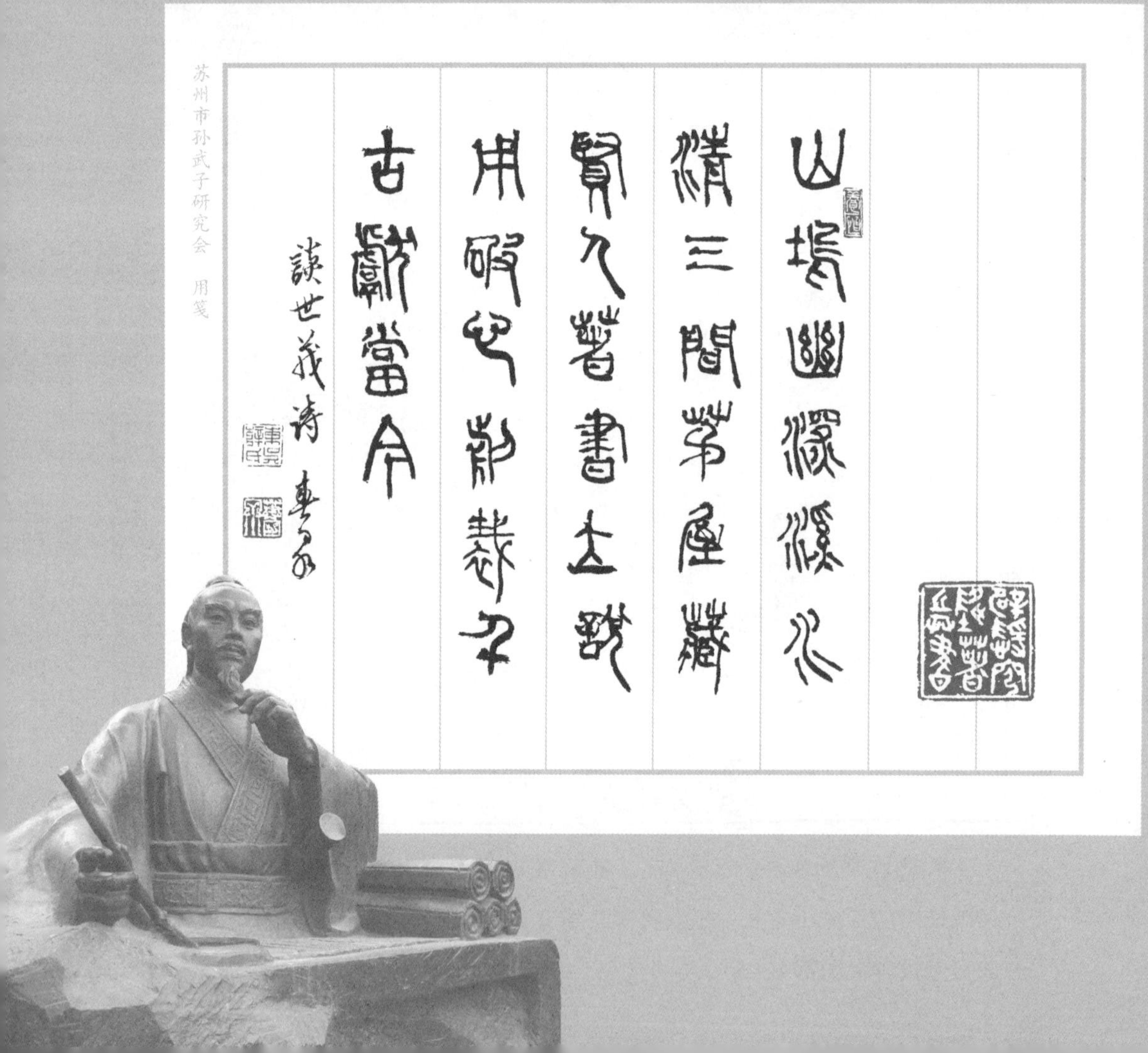
苏州市孙武子研究会 用笺
谈世茂诗

贰 ◇ 辟隐穹窿著兵书

山坞幽深溪水清，三间茅屋藏贤人。

著书立说用破心，剪裁千古献当今。

1. 大约在公元前517年，孙武踏上了吴国大地，发现这里山清水秀，水资源特别丰富，既有奔腾万里的长江水，又有星罗棋布的湖泊河道。好一派江南鱼米之乡的景象啊！

2. 孙武在吴地与山水相伴，山上郁郁葱葱，花果飘香，徜徉其间，如入仙境。

3. 孙武听说，吴都西部山区的穹窿山最为高大。一天，他登上顶峰，放眼远眺，茫茫太湖，群山环抱。细观山体走势，恰好对吴国都城形成一道天然屏障。“夫地形者，兵之助也”（《地形篇》）之句油然而生。

4. 他顺着山道，不知不觉走到了山坞尽头。这山坞背山面阳，树木茂密，山泉潺潺，十分幽静。他便在此筑起三间茅屋，过起了“辟隐深居”的生活。

5. 孙武身居茅屋，心忧天下，一边思考研著兵书，一边熟悉吴地风土人情。有时戴上斗笠，向农夫学习耕种；有时泛舟湖上，向渔民讨教学问；有时扮作樵夫，在山里转悠，熟悉地形；有时扮作道人，进城观察吴国社会动向。

6. 孙武发现南方人特别尊崇“道法自然”。受其启发，他观察水流，联想到用兵，写下“夫兵形象水，水之形，避高而趋下；兵之形，避实而击虚；水因地而制流，兵因敌而制胜”（《虚实篇》）的名句。

7. 他仰望天际，看到一只鸷鸟在天空盘旋，突然俯冲抓起一只雉鸟，再冲上九天。他联想到军队行动，若如此迅猛又精准，岂不甚好！

8. 他看到山洪暴发，泥石奔走，有一泻千里之势，写下：“激水之疾，至于漂石者，势也；鸷鸟之疾，至于毁折者，节也。”（《势篇》）

9. 他看到蛇被打时“击其首则尾至，击其尾则首至，击其中则首尾俱至”（《九地篇》），总结出军队作战应该像蛇一样，机动灵活，协同一致。总之，在孙武眼里，天地之间，万事万物，都蕴含着兵家智慧。

10. 孙武更重视总结吴地战争经验，他发现寿梦为王之后，打仗不按《军礼》用兵，神出鬼没，屡屡获胜，想到《军礼》对用兵的禁锢，认识到战争中对敌人讲仁义，实际上是一种任人宰割的愚蠢行为，是对老百姓的不仁不义之举。

11. 他感悟最深的是：公元前519年公子光（即后来的吴王阖闾）指挥的鸡父之战，吴军攻州来（今安徽凤台），楚国联合六国相救，公子光神出鬼没，将楚军打得大败。孙武总结升华，提出了“兵者，诡道”的惊天之说。

12. 一天，孙武行走在山间，发现一只猛虎从密林中窜出，突然向一人扑去，那人侧身一闪，老虎扑了个空，掉转身子，又向那人扑去。危急时刻，孙武眼疾手快，“嗖嗖”放出两支袖箭，老虎应声倒地，不再动弹。

13. 那人惊魂稍定，手持佩剑，轻轻走近虎旁，发现猛虎的两眼中各插一支袖箭，惊奇之余，他四处张望，不见人影。那人后来得知是山坞里一名青年救了他，便登门拜访，自报姓名——伍子胥。

14. 孙武对伍子胥早有所耳闻：姓伍，名员，字子胥，楚国人，有文定邦国、武平天下之才，因父和兄被楚平王杀害，历尽艰辛逃到吴国。今日两人相见，分外高兴，孙武忙说：“久仰久仰，请到寒舍小坐。”两人一见如故，成了莫逆之交。

15. 原来，伍子胥来到吴国后，本想投靠吴王僚，借吴兵伐楚报仇，后发现公子光胸有大志，便隐居山中，为公子光招纳贤士。伍子胥得知孙武在研著兵书，十分赞赏，说："此书今后大有用处。"

16. 伍子胥奔吴的路上，发现专诸忠勇又有智谋，便与他结为好友，让他居住在太湖之畔学做炙鱼。孙武很赞赏专诸的忠勇，为此在《九地篇》中写下：“投之无所往者，诸、刿之勇也。”

17. 公元前515年，公子光指使专诸刺死王僚，夺得王位，号阖闾。伍子胥被任为“行人”，共谋国政。伍子胥提出的治国方略，阖闾欣然采纳。孙武意识到，吴王是一个有雄才大略的明君。

18. 伍子胥不负吴王厚望，修法制、下贤良、选练士、习战斗，各项工作快速推进。一次，伍子胥与孙武谈起建造阖闾大城的方案，说到得意之处，眉飞色舞。孙武听完平静地说：“这方案，确实全面周到，只是……”

19. “只是什么？”伍子胥急切地问。孙武说：“吴地百姓出行，以舟为车，习于水战。若引水入城，使街道与河道并行，构成水陆双棋盘式格局，岂不既利于平时水陆交通，又利于水陆双向攻守？”伍子胥一听，拍案叫绝。

20. 阖闾为王之后，励精图治，处处以身作则。他吃，不吃二道菜；坐，不坐二重席；乘坐车船，不作雕饰；在军中，吃的东西与士兵一样。遇有天灾或瘟疫，他亲自巡视安抚，送去生活用品。这让孙武萌生了辅佐吴王成就大业的愿望。

21. 公元前512年，吴王准备攻打楚国都城郢（今湖北江陵北），但深知吴国实力只有楚国的七分之一，考虑要打胜仗，必须有一位智勇双全的人为将。

22. 伍子胥深知王意，便向吴王举荐孙武为将，但吴王没有理睬。伍子胥不厌其烦地多次推荐，到第七次时，吴王终于开口：“召他来看看。”

吴宫初試十三篇驚得吴王不敢前一部兵書傳百世千縣勝帥秉之權

高揚詩 春泉

苏州市孙武子研究会 用笺

叁 ◇ 吴宫教战试刀锋

吴宫初试十三篇，惊得吴王不敢前。

一部兵书传百世，千秋将帅秉之权。

1. 公元前512年的一天，孙武在伍子胥的陪同下来到了吴王宫前。吴王闻报，出门相迎。孙武双手献上自著的兵法一十三篇，即后人称的《孙子兵法》，又称《孙子》《吴孙子兵法》等。

2. 吴王接过打开一看，“兵者，国之大事，死生之地，存亡之道，不可不察也”。此时，吴王似乎听到一位巨人在向他呼喊：“一曰道，二曰天，三曰地，四曰将，五曰法。道者，令民与上同意也……”此句立马引起了吴王强烈的思想共鸣：高见啊，高见！

3. 吴王又看了看《谋攻篇》，“夫用兵之法，全国为上，破国次之；全军为上，破军次之……是故百战百胜，非善之善者也；不战而屈人之兵，善之善者也”。不由感叹：这是用兵亘古不变的至高境界啊！

4．“夫霸王之兵，伐大国，则其众不得聚；威加于敌，则其交不得合。是故不争天下之交，不养天下之权，信己之私，威加于敌，故其城可拔，其国可隳。”（《九地篇》）看到这里，吴王热血沸腾，争霸称雄的信心大增。

5. “知彼知己，百战不殆；不知彼而知己，一胜一负；不知彼，不知己，每战必殆。”（《谋攻篇》）吴王看到此，茅塞顿开，是啊，取胜之道，说一千道一万，知彼知己是关键。

6. 他浏览全书：始计、作战、谋攻、军形、兵势、虚实、军争、九变、行军、地形、九地、火攻、用间，共一十三篇，既彼此独立，又前后照应，全书结构严谨，浑然一体，体系完整，思想深刻。吴王打心眼里佩服至极。

7. 吴王觉得孙武为人率真，便对孙武说：“先生高论，通天彻地，不知可否以兵法做一场游戏？”孙武严肃地回答：“兵，利也，非好也，非戏也，若以好与戏问之，外臣不敢对。”

8. 吴王自知失言，忙改口说："能否以宫女演练？"孙武说："战场上厮杀是不论贵贱、男女的。若以宫女演练，同样要依法而行，大王不要后悔！"吴王说："谈何后悔？"孙武看了一眼吴王，未作回答。

9. 孙武让参加演练的宫女身穿戎装，手中持戟，到演练场集结，将180名宫女分为两队，任命吴王两位爱妃为左右队长。按照军规，设司马、司空等军吏，宣布她们的职责，要她们一切照军法行事。

10. 孙武对宫女们说："你们知道自己的前心、后背和左右手吗？""知——道！"宫女们柔声柔气地回答。孙武又耐心地教她们前后左右行进的动作要领，强调一切号令，以鼓声为准，并大声问："你们明白了吗？"宫女们参差不齐地回答："明——白——了！"

11. 孙武鸣鼓发令，宫女们相视而笑，乱作一团。孙武说：“你们必须依令而行，否则军法论处。”宫女们依然乱作一团。孙武厉声说：“我已三令五申，你们仍不按军令执行。该如何处置？”“当斩！”执法官大声应答。孙武说：“将两队的队长斩首！”

12. 坐在台上的吴王大惊失色，急令使者传话：“寡人已经知道将军能用兵了。没有这两位爱妃，寡人食不甘味，寝不安席。这两位爱妃斩不得！”孙武斩钉截铁地回应：“臣既已受命为将，将在军，君命有所不受。”即下令，“斩！”

13. 吴王见两位爱妃头颅落地，气得拂袖而去。宫女们吓得魂飞魄散，演练场顿时鸦雀无声，空气都凝固了。

14. 孙武镇静地又任命两名宫女为队长，亲自擂鼓发令，继续演练。这时，宫女们随着鼓声，左旋右转，拼搏砍杀，谁也不敢有半点马虎。令方阵，阵形如刀切一般方整；令圆阵，阵形如圆规画出的一般圆。

15. 孙武派使者禀报吴王:“操练完毕,请大王检阅。这支队伍可任凭大王所用,即使赴汤蹈火,也在所不辞。”吴王没好气地回答:“我不想看了,都回馆舍休息吧。”孙武叹道:“看来吴王只是喜好兵法其言,并不想真心实行。”

16. 伍子胥知道大事不好，先安抚孙武，接着晋见吴王说：“臣闻，兵者凶事，不可空试……今大王虔心思士，欲兴兵戈以诛暴楚，以霸天下而威诸侯。非孙武之将，而谁能涉淮逾泗，越千里而战者乎？”

17. 六日后，吴王亲自到“孙子之馆”挽留孙武。孙武先向吴王谢罪，接着申述说：“令行禁止，赏罚分明，威行于众，严行于吏，兵家常法。”吴王点头称是，孙武见吴王能以大业为重，决定留下为吴国效力。

18. 吴王为表彰孙武依法治军的行为，决定在教场山最高峰筑“拜将台”，隆重举行拜将仪式。传说“拜将台”就在今苏州太湖之滨的蒋墩山。

19. 孙武和伍子胥将吴王的两位爱妃进行了厚葬，并建了“爱妃祠”，后人称“吴王祠”，俗称“二妃庙”，其遗址在教场山东侧的小横山。

20. 孙武为将之后，住进了将军府。清同治《苏州府志》记载：“孙武子宅，在枫桥西南孙武子桥侧。”从此，孙武像一只雄鹰在更广阔的天空展翅翱翔了。

苏州市孙武子研究会　用笺

雄師三萬出閶門
將軍帥師去遠征
五戰殲敵二十萬
吳旗直插楚王城

樊洪涛　书录

肆 ◇ 破楚入郢显神威

雄师三万出阊门，将军帅师去远征。

五战歼敌二十万，吴旗直插楚王城。

1. 孙武为将之后，吴王不断催问破楚入郢之事，孙武总是劝他要从长计议，并说：“治国平天下，没有哪个帝王不推崇黄帝的。黄帝的做法是顺应天道、地利、人情，所以最终统一天下。”吴王点头称是。

2. 又一次，吴王问孙武：“晋国现在六卿互相争斗不休。依将军之见，他们哪个先亡，哪个最后成功？”孙武答道：“范氏、中行氏首先败亡；智氏和韩、魏次之；晋国政权最终要落到赵氏之手。”

3. 孙武向吴王一一分析晋国六卿各自的状况，指出人民穷困者，必然先亡。赵氏田亩最大，租税不重，官寡兵精，因而赵氏最终能得天下。吴王深有所悟地说："治国之道，厚爱其民是也。"随即采取了一系列奖励农耕的政策。

4. 吴王阖闾最关心破楚入郢。伍子胥直言："楚国地广千里，兵力二十万。以三万吴军打败楚军二十万，史无前例，占领楚国都城郢，将九亡一存。"

5. 孙武说："楚国确实强大，但并不可怕。它像太湖螃蟹，身有硬甲护卫，前有利爪伤人，还有八爪可四处横行。如果我们将它的爪子一一折断，它就是死蟹一只。"吴王兴奋地说："妙！妙！妙！"

6. 伍子胥说：“我有‘三师疲楚’之计，不知可否？”“快快说来。”吴王急切地说。伍子胥如此如此说了一番，吴王和孙武一齐称“善”，并决定就从擒杀吴王僚的俩公子开局。

7. 原来，公元前515年，吴王僚派盖余和烛庸俩公子伐楚，因公子光（阖闾）指使专诸刺杀了吴王僚，他们一个逃往徐国（今安徽泗县、江苏泗洪一带），一个逃到钟吾国（今江苏宿迁）。孙武为将后，向吴王（阖闾）提出要除掉俩公子。

8. 吴王阖闾不以为然地说：“派使者去把他们带回就得了。”哪知，徐和钟吾都不从命，吴王大怒，令孙武为将擒杀。孙武率军轻易俘获了钟吾国国王，但烛庸逃往了徐国。

9. 孙武伐徐。徐国国君章羽（章禹）和烛庸、盖余又逃到了吴、楚边界的养邑（今安徽临泉县东面），楚随即在养邑筑城加强防御。

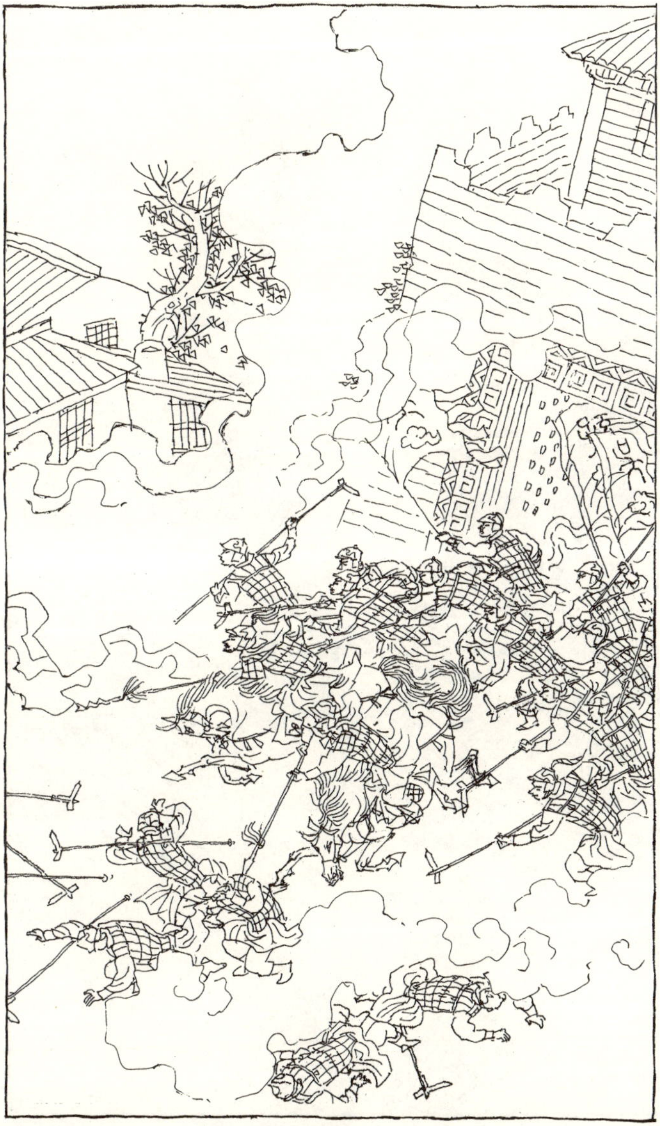

10. 孙武不急于攻养邑，而是长驱五百里，先攻徐国的夷城。又移师伐楚国的潜邑（今安徽涡阳）和六邑（今安徽六安），再日夜兼程，直扑楚国的玄邑（今河南息县）。如此，彼出则归，彼归则出，使楚军疲于奔命。这时，孙武命令三支军队猛攻养邑，擒杀了俩公子，一举削弱了楚国势力。

11. 吴王阖闾兴奋异常，要孙武趁热打铁，直取楚国都城。孙武对吴王说："民劳，未可，且待之。"吴王开始十分恼火，后来冷静一想，同意撤军回国休整，继续备战。

12. 越国与吴国山水相连，本来同为楚属国。寿梦为王后，离楚联晋，而越国坚持与楚为盟。为防止破楚时越军乘虚而入，孙武先对越国“伐交”，伐交不成，“伐兵”，杀入越国境内。越国再也不敢轻举妄动。

13. 大别山以东的豫章地区，是吴军伐楚的西部要道。孙武利用这一地区诸侯小国对楚的不满，先分化桐国，又争取了舒鸠国，诱使楚军入驻豫章。孙武乘其不备，发起进攻，杀进巢城，占领豫章，打通了西部通道。

14. 公元前510年，蔡国向楚昭王进献了佩玉和裘服，楚国令尹囊瓦却借故将蔡昭侯扣押了三年。同年，唐国向楚昭王进献了“肃爽”骏马，囊瓦也借故将唐成公扣押了三年。蔡国和唐国气愤至极，请求吴国为其报仇。孙武与吴王、伍子胥当即商定，“三国合谋楚”。

15. 公元前506年秋，吴王阖闾以孙武为主将，伍子胥、伯嚭为副将，从阊门出发，一路北上。抵达淮汭时，孙武命令全军舍舟登岸，联合蔡、唐两军各一万，迅即穿越三个险峻关隘，突入楚境，直插汉水，一举逼近楚国都城郢。

16. 楚昭王闻报，急忙调遣足智多谋的沈尹戌领兵赶赴汉水与囊瓦共同抵御。沈尹戌对囊瓦说："吴军孤军深入，后方空虚，你们坚守汉水，我率军迂回方城切断吴军后路，前后夹击，吴军必败。"

17. 可就在沈尹戌北上方城之后，囊瓦担心日后功劳为沈尹戌所得，便擅自改变计划，主动向吴军进攻。孙武将计就计，边打边退。楚军紧追不放，一直追到柏举（今湖北麻城东）。这时，囊瓦进退两难，发现上当。

18. 吴军先锋夫概请求决战。吴王一时犹豫不定。夫概说：“兵法云，‘君命有所不受’。”他不等吴王答应，遂率五千兵马发起冲击。孙武即率军跟进增援。柏举决战，大获全胜。

19. 吴军乘胜追击，至清发水河边，吴王正欲下令背水交战。夫概抢上一步，对吴王说：“困兽犹斗，何况人呢，宜用兵法‘半济而击’之法。”吴王应允，待楚军部分渡过清发水河时再发起攻击。结果，楚军又一次遭到重创。

20. 侥幸逃脱的楚军，一路狂奔，回头不见吴军，急忙生火做饭。楚军正准备吃饭，只见吴军飞奔而来，楚军吓得四处逃散。吴军饱餐一顿，奋起直追，一直追到雍澨（今湖北京山县），逼近了楚国都城。

21. 不料，北上方城的沈尹戌率主力到了雍澨，想一举将吴军置于“死地”。吴军顽强抵抗。沈尹戌身受重伤，自知支撑不住，命人把自己的头颅割下送到郢城。吴军发起猛攻，迅即向郢城进伐。

22. 楚都三城相连，易守难攻。孙武将队伍兵分三路：由伍子胥攻麦城，自己主攻纪南城，吴王率部进驻郢城。孙武在察看地形时，发现漳江水势滔滔，纪南城地势低下，便令吴军做竹筏，然后率兵乘竹筏，顺流而下。

23. 楚都守将箴尹固见吴军攻势猛烈，情急之下，赶出一批大象，在大象的尾巴上绑上茅草，点燃后让象群冲出城门，阻止吴军进攻。

24. 楚昭王乘吴军攻城受阻间隙，带着亲属从西门出逃，惊慌中掉了一只鞋，转身捡回，惹得随从焦急万分。

25. 公元前506年农历十一月二十九日，吴军浩浩荡荡开进楚国都城，把吴国大旗插上了楚都城楼。吴王阖闾破楚入郢之梦终于实现。

26．孙武进城后，令人安置降兵，优抚百姓，救济灾民。而吴王阖闾进城后，欣喜若狂，直达楚王宫，大摆筵席，狂欢尽饮。

27. 伍子胥进城后，报仇心切，带兵找到楚平王墓，打开棺木，抓起尸体，剜去双目，鞭尸三百，然后割下头颅，扔到田野。伍子胥只顾自己报仇痛快，却引得楚国上下无比愤恨。

28. 孙武闻讯赶到，责问伍子胥：“你、你、你怎能做出如此蠢事?!”伍子胥默默以对。

29. 孙武发现部分吴军官兵在城中肆意横行，抢掠楚国重器财宝，他心急如焚，求见吴王，但宫门紧闭。

30. 楚昭王逃到随国后，一面收拢楚军，欲与吴军再战，一面派大夫申包胥出使秦国，讨救兵。秦王敷衍不允，申包胥在秦国宫廷连哭七天七夜。秦王感动，派兵救楚。

31. 吴军因胜而骄，面对秦、楚联军攻击，连连受挫。夫概战败，偷偷返吴，自立为王。孙武连献三计：吴王星夜回国，速平夫概之乱；立楚芈胜为楚君，以安民心；吴军反击获胜后迅速撤出郢都，返回吴国。

32. 没多久，孙武和伍子胥率军凯旋。吴王闻讯，特做鱼脍犒赏。今苏州阊门就是吴军破楚的出发地和凯旋地，故又名为“破楚门”。

33. 破楚成功，阖闾要对孙武论功行赏，而孙武坚决推辞。孙武私下对伍子胥说："你知道天道吗？暑往寒来，春还秋至。功成不退，将有后患。"伍子胥不以为然。

34. 公元前504年，吴王又命孙武、伍子胥率领陆师，太子终累率领舟师，再次征讨楚国，楚国大败。楚王害怕吴军灭楚，将都城迁至鄀（今湖北宜城）。

苏州市孙武子研究会　用笺

夫差得志忘初心
窮兵黷武違兵經
諫言逆耳視雠敵
愧對父老覓自盡

談世茂詩

伍

夫差黩武违兵经

夫差得志忘初心，穷兵黩武违兵经。

谏言逆耳视仇敌，愧对父老觅自尽。

1. 吴军破楚入郢，威震诸侯，吴王阖闾自以为天下无敌。公元前496年，吴王阖闾不听孙武、伍子胥劝阻，亲自率军向吴越交界的槜李（今浙江嘉兴）进伐，企图一举南灭越国。

2. 其时，刚即位的越王勾践，面对强敌，心生一计：令军中死囚，身穿囚衣，排成三行，列于吴军面前，每人把剑横在自己脖子上，一起高呼自己有罪，举剑自刎。

3. 吴军被这突如其来的行动吓得不知所措，败下阵来。吴王阖闾受伤致死。临终，对夫差说："勾践杀死了你父亲，你会忘记吗？"夫差连连回答："儿不敢忘！"

4. 夫差即位后，派人站在宫殿门旁，见到自己就大声责问：“夫差，你忘了勾践的杀父之仇吗？”夫差大声回答：“不，绝不敢忘！”孙武和伍子胥动员全国军民，备战灭越。

5. 越王勾践因槜李之战大胜，声望大增，得意忘形，认为“吴不足惧”。后得知吴国备战灭越，他就准备以先发制人之术，从太湖突袭姑苏，打吴国一个措手不及。

6. 吴王夫差闻勾践来犯，率大军在夫椒（今太湖西山岛）交战。吴军乘夜幕降临，兵分两路，高举火把，两侧包抄，越军纷纷溃退。吴军乘胜追击，拿下越都会稽（今浙江绍兴），又将逃至会稽山的五千越军团团围住。

7. 越军几次突围不成，勾践急如热锅上蚂蚁。大夫文种献计以退为进，他要勾践向夫差主动求和，说只要大王一息尚存，十年生聚，十年教训。勾践只好同意。

8. 文种到吴国求降。伍子胥对夫差说："大王，此战是要为先王报仇，今越王已成笼中之鸟，除恶务尽，今不灭越，后必悔之。"夫差采纳，文种扫兴而归。

9. 文种又生一计，对勾践说："吴国太宰伯嚭，贪财好色，可用御藏珍宝和八名美女暗送伯嚭，让他向吴王求情。"勾践应允。文种再次向夫差求降。尽管伍子胥坚决反对，但在伯嚭的暗中相助下，夫差最终同意纳降。

10. 勾践降吴，带来许多财宝和美女。夫差为了越国所献的美女西施，在灵岩山修筑“馆娃宫”，并让勾践为他养马。一次，夫差患病，勾践跪见夫差说：“臣略知医术，愿为大王治病。”夫差正想如厕，挥手让他出去。

11. 勾践说："大王有病，我正想查看你的粪便，判断病情。"勾践先用鼻闻，后用口尝，接着对夫差说："粪便味道酸苦，二三日内，大王病可痊愈。"三日后，夫差果然病愈，非常感动，便应允勾践回国。

12. 勾践返国后，一边不断向吴国进贡示好，一边卧薪尝胆，誓死报仇。伯嚭不断鼓动夫差北上伐齐。伍子胥再三进谏："不能释越而攻齐。"夫差对伍子胥很反感。

13. 公元前484年，夫差率兵伐齐，大胜而归，对伍子胥更加不满。伯嚭又说了伍子胥一大堆坏话。夫差大怒，赐伍子胥“属镂”剑一柄。伍子胥明白这是赐死，便仰天长叹：“吴王不听我忠告，将来一定后悔。”

14. 伍子胥召集家人说："在我死后，将我人头悬在城门上，我要亲眼看越国怎样灭亡吴国。"说完，举剑自刎。

15. 夫差得知伍子胥遗言，气得要死，令人将伍子胥的尸体装进皮革，扔进河里。伍子胥尸体飘到太湖口（今胥口），当地人发现后痛惜不已，将其埋葬于胥山，并建庙纪念。

16. 伍子胥之死，令朝野震惊。孙武仰天哀号：“天哪！天哪！夫差实在没救了。”他向夫差辞去官职，归隐山林，闭门谢客，断绝与外界的一切往来。

17. 伍子胥之死和孙武的离去，让夫差更加为所欲为。公元前482年，夫差再度挥师黄池，与晋国争夺霸主。勾践乘吴国空虚，突袭姑苏城，活捉太子友，焚烧姑苏台。吴军返国时，勾践主动撤兵。

18. 公元前478年，勾践见吴国大旱，民困兵疲，主动发起笠泽（今吴淞江）之战，夫差慌忙应战。勾践先令埋伏于左右各五里的两翼部队鸣鼓渡江，夫差见势，随即将吴军一分为二，赴两侧抵御。勾践见夫差中计，即令中路主力将士偃旗息鼓，衔枚潜行渡江。

19. 越军行进至吴军大本营，鼓声大作，杀声震天。经过一场血战，吴军全线败逃，在“没”（今苏州南郊外）和姑苏城郊，两度交战，均以失败告终，史称“三战三北”。从此，吴军一蹶不振。

20. 公元前475年，勾践大举伐吴，将姑苏城团团围住，采取“围而不打”战术。三年后，“吴师自溃”，勾践攻城，夫差逃到秦余杭山（今苏州阳山）。

21. 勾践以征服者姿态对夫差说："上天以吴国赐予我，寡人不敢不受……把你安置在甬东（今浙江舟山），赐你三百户人家。"夫差深以为耻，以一帛巾掩面，表示无脸见天下，自刎而死。自此，吴国灭亡。

22. 再说孙武退隐之后，与青山碧水为伴，与夫人和孩子相依，同时对兵法进行修缮。在《作战篇》中加了一段，大意是穷兵黩武，必然使军队锐气挫伤，国力不足，到那时，任何足智多谋之人，都没有回天之力。

邃密精深孫子篇
威權貫世越千年
巍巍兵祖垂天範
百國朝宗謁聖編

李鐸詩句　東泉

苏州市孙武子研究会　用笺

陆 ◇ 享誉全球耀中华

邃密精深孙子篇，威权贯世越千年。

巍巍兵祖垂天范，百国朝宗谒圣编。

1. 孙武去世后，葬于姑苏城北。东汉《越绝书》记载：“巫门外大冢，吴王客，齐孙武冢也，去县十里。”（在今苏州相城区）

2.《孙子兵法》被称为“百世谈兵之祖”“兵学圣典”，其同时在经济、政治、文化、外交等领域也具有积极的借鉴意义。孙武的影响堪与孔子相媲美，被后人称为“北孔南孙，文武两圣”。

3. 孙武后裔，枝繁叶茂，名人辈出。孙武儿子孙明居富春（今浙江富阳）。战国时大军事家孙膑，三国时孙策、孙坚、孙权等都是孙武后裔。

4. 联合国教科文组织高度关注孙武文化研究。2006年收藏了苏州编印的《孙子兵法传世典藏本》，总干事致信称赞。2014年联合国教科文组织总干事参访了教场山下的香山中学孙子文化展示室。

5. 孙武一生的事业在吴地，人们永远怀念他。孙武的事迹在地方史籍中有大量记载，许多遗址胜迹至今依然可寻。

6. 浩瀚的太湖之滨，富饶的吴中大地，幽静秀丽的穹窿胜景，至今传颂着兵圣孙武子动人的故事，传承着中华优秀的传统文化。

编后语

这是一本老少皆宜的历史人物连环画。创作之初，我们就致力于体现苏州市孙武子研究会的最新研究成果，体现苏州优秀历史文化特色。资深孙武子研究学者谈世茂，在文字创作中，以汉代司马迁《史记》史料为依据，结合汉代《吴越春秋》《越绝书》和历代有关孙武子的史料，以及当代考古最新发现的研究成果，力求事出有因、语出有据、大事不虚、撷取得当。国家一级美术师、中国美术家协会会员顾曾平，长期从事创作历史题材绘画作品，在创作中夜以继日，为完成画稿辛劳付出。中国书法家协会会员、著名书法家费之雄为本书友情题签。古吴轩出版社为该书的美术设计注入了新意。苏州穹窿山景区对本书的出版十分关心，给予了很大支持。经过一个寒暑的磨炼，连环画《兵圣孙武子》终于可以付梓了，这是集体智慧的结晶。

知识性、通俗性、趣味性兼具，是我们创作这本连环画的目标。书中如有疏误，敬请各位读者批评指正。

编　者